AF364768

Un agradecimiento
especial a **Griet** y
Ann por su amistad
y apoyo mientras
escribía este libro y por
la sanación interior tan
profunda que recibí
en el laberinto de
lasendacostarica.com

**Es tiempo de que nazca el alma,
un cuento sobre adopción para niños**
ISBN-978-607-29-2259-4

Historia e Ilustraciones:
Carmen Martínez Jover
Diseño y Diseño de texto:
Víctor Nieto
flippon@gmail.com
Traducido al Español por
Eleonor Merino Hamer
merinohe@gmail.com

Nicole,
te dedico esta historia.

Gracias por elegir estar en mi mundo y
transitar conmigo todos los desafíos que
la vida nos ha puesto en el camino.
Estoy muy orgullosa de ti y agradezco la
bendición de tenerte en mi vida.
Haber creado este libro junto contigo,
Nicole, ha sido el mejor regalo que
pudiera haber recibido.

Te amo, Mamá

Es Tiempo de que Nazca el Alma
Escrito e ilustrado por Carmen Martínez Jover

Luca era una hermosa alma que habitaba el reino espiritual.

Vivía conectado a la fuente divina, en gran paz, agradecido y rodeado de amor incondicional.

Fue ahí que conoció a su grupo de almas. Algunas ya habían estado con él antes, otras se alistaban para acompañarlo en el futuro. Algunas incluso habían acordado estar a su lado y apoyarlo en los retos que había elegido.

Había llegado el momento en que Luca debía nacer, así que fue a visitar a los Sabios y juntos planearon su nueva vida.
El momento era perfecto, y los Sabios le dieron importantes consejos antes de su partida.

Los Sabios le dijeron
"Luca, cuando
nazcas… recuerda:
sé feliz, sé agredecido,
sé tu mismo, sé espiritual,
conéctate con tu entorno,
interésate en los demás,
ama a la naturaleza,
ama y sé amado,
vive el presente,
ríe, sueña, sonríe,
sé audaz, medita,
diviértete, perdona,
escucha,
sé amable"

Los Sabios le mostraron a Luca distintas opciones de vida. Podría nacer en

diferentes países, tener diferentes religiones e incluso podría ser niño o niña.

En una de
esas opciones,
Luca vio a
Didi y Canik
por primera vez.

Pudo ver destellos
de lo que sería su vida
con ellos como sus padres.
Sería una vida llena de aventuras
y desafíos, con momentos
alegres llenos de risas y otros
de lágrimas, pero siempre
repletos de amor.

La vida que eligió
comenzó con un
gran reto.

Los Sabios le explicaron a Luca que no
nacería de una forma convencional, así
que tendría que encontrar el vientre de
otra señora para poder nacer.
Una vez que naciera, con la ayuda de la
adopción, él podría llegar a los padres
que había elegido.

Luca aceptó el reto.

Luca inició el viaje del reino espiritual...

Al vientre...
A Didi y Canik.

Luca disfrutaba estar con sus padres.

Soul's Time to be Born
Souls Time to be Born

Luca creció... y creció... y creció... y creció...
... y vivió felizmente
las alegrías y los retos de la vida rodeado de sus padres y amigos.

Recuerda
lo que te dijeron
los Sabios.

Sé
Agredecido
Sé
Tu Mismo
Medita
Conéctate
con tu
Entorno
Ríe
Sé
Felíz
Sonríe
Escucha
terésate en
os Demás
Luca
Sé Audaz
Sueña
Diviértete
Perdona
Sé
Amable
Ama a La
Naturaleza
Sé
Espíritual
Ama y
Sé Amado
Vive
El Presente

Consejos de
Luca
para la
felicidad

1 Siéntate y ponte cómodo.
2 Respira hondo 3 veces.
3 Relájate, escucha el latido de tu corazón.
4 Sonríe. Siéntelo en tu corazón.
5 Piensa en 10 cosas que le agradeces a la vida.

Mamá
Coach en fertilidad
Terapeuta
Conferencista Internacional
Autora
Artista
Lo que comenzó como su peor pesadilla se convirtió en mi mayor bendición.
Hormonas
Inyecciones
Demasiadas fertilizaciones fallidas
Depresión
Esta es la historia de Carmen

Personalicen su propia historia
con sus nombres.
books.carmenmartinezjover.com
Dos Papás
Quiero tener Un Hijo
Donación de Óvulos
Recetas para tener Bebés
Adopción
Madre Soltera por Elección
*Disponible en: English, Español, Français, Italiano, русский, Português, Polsku, & Deutsch